INVENTAIRE
V49832

AF358886

MARSEILLE

LES

PORTEFAIX ET LE DOCK

DÉCEMBRE 1864

PRIX : 50 CENTIMES

PARIS

LIBRAIRIE DE GUILLAUMIN ET Cie

14, RUE DE RICHELIEU

MARSEILLE

CHEZ TOUS LES LIBRAIRES

MARSEILLE.

LES

PORTEFAIX ET LE DOCK.

1864

BIBLIOTHÈQUE MUNICIPALE (library stamp)

MARSEILLE

LES

PORTEFAIX ET LE DOCK

I.

La plupart des journaux se sont fort occupés, en septembre
dernier, du débat qui s'agite entre la Société des portefaix de
Marseille et les membres dissidents de cette Société. L'exci-
tation non encore amortie des dernières élections, et le vote
alors récent de la nouvelle loi sur les coalitions, dite *loi Oli-
vier*, donnaient à ce débat intérieur, et jusqu'à un certain
point domestique, une importance presque politique. Une
question qui touche à la liberté et à l'organisation du travail, c'est-à-dire à l'un des problèmes les plus difficiles de
l'économie sociale, est d'ailleurs une question toujours vi-

vaste, toujours actuelle. Nous nous croyons donc autorisés à y revenir.

Notre intention n'est pas, toutefois, d'intervenir dans le débat judiciaire, ni de nous mêler aux intérêts privés qui sont, à vrai dire, le fond du litige entre les portefaix de Marseille. Voici en effet ce dont il s'agit : Depuis que l'initiative du Gouvernement a créé les Docks de Marseille et les a concédés à une Compagnie, une scission s'est déclarée entre les membres de l'association des portefaix. Les uns ont cru utile à leurs intérêts de s'abstenir de travailler au Dock ; d'autres, en minorité, n'ont pas partagé cette opinion, et ont accepté les offres du Dock. La majorité irritée a protesté par un acte violent. Elle a exclu les dissidents de l'association. Or cette association n'est pas uniquement constituée pour le travail ; c'est une société de secours mutuels, et, moyennant une cotisation (1) imposée aux membres qu'elle admet dans son sein, et un prélèvement sur les salaires de tous, elle s'est créé d'abondantes ressources ; elle a de l'argent, des rentes, et même, assure-t-on, des immeubles, propriété commune, dont la principale destination est de secourir les sociétaires malades, ou ceux que l'âge et les infirmités condamnent au repos. Être exclu de l'association, c'est perdre cette assistance, c'est être privé d'un droit de copropriété acheté et payé à beaux deniers. De là, résistance, et recours aux tribunaux, la majorité prétendant qu'elle ne peut être obligée de maintenir dans la Compagnie des frères indociles qui refusent de se soumettre à la règle, et ceux-ci répondant que la règle votée et invoquée par la majorité est oppressive et illégale, et qu'il n'appar-

---

(1) Cette cotisation était de huit francs en 1816 ; elle a été élevée à mille francs en 1853.

tient à personne de leur interdire de gagner leur pain et de chercher le travail où ils le trouvent. C'est ce qui s'est plaidé. Les juges du premier ressort ayant improuvé l'exclusion, appel a été interjeté, et la Cour impériale d'Aix est aujourd'hui saisie. Peut-être la question sera-t-elle portée devant la Cour suprême. Ainsi, la question de droit sera sérieusement et complétement vidée, et, pour employer une formule de palais, nous pouvons, quant à nous, *nous en rapporter à justice.*

Mais il y a autre chose, dans ce débat, que l'intérêt de portefaix à portefaix ; il y a l'intérêt public, l'intérêt commercial. L'hostilité déclarée de l'association des portefaix contre le Dock de Marseille touche de trop près aux intérêts de cette grande place commerciale pour qu'il soit permis de négliger ce point de vue. Ainsi, sans nous inquiéter autrement de l'intérêt des portefaix exclus, ni même de l'intérêt du Dock, c'est la question purement commerciale et vraiment marseillaise que nous nous proposons d'aborder.

II.

C'est une grande place maritime que Marseille, grande dans le passé et dans le présent, et plus grande encore par les promesses de l'avenir. La prospérité de Marseille est même devenue une sorte de proverbe; il y a là dessus des phrases toutes faites, des banalités stéréotypées pour ainsi dire, et incessamment reproduites dans les discours officiels, les articles de journaux, les conversations. Nous ne voulons rien en rabattre. Cependant il en est des villes comme des hommes, qui, si bien doués qu'ils soient, ne se maintiennent et ne s'élèvent qu'à la condition de veiller, de s'améliorer, de lutter. Marseille doit beaucoup à son admirable situation; elle ne doit pas moins à l'esprit d'ordre, à l'activité, à l'intelligence de ses habitants; elle a été des premières à professer et à appliquer, en matière de liberté commerciale, « des doctrines saines, larges et prudemment progressives, lorsqu'elles n'étaient encore ailleurs qu'à l'état purement spéculatif (1). » Tout cela est parfaitement juste et vrai, mais, pour ne rien omettre, il faudrait ajouter que le port de Marseille est mal outillé, mal desservi, mal exploité. Celui qui a visité Londres, Liverpool, Hull, Glascow, New-York, Boston, Amsterdam, et les autres grands ports du monde, est

____

(1) Discours de S. E. M. Béhic, au banquet de la Chambre de Commerce du 25 août 1864.

frappé de l'infériorité, de l'insuffisance, de la maladresse, pourrait-on dire, de nos manutentions commerciales. Il semble qu'on n'y ait aucune préoccupation de l'économie de frais et de temps. L'embarquement, le débarquement, la mise en magasin, les manipulations sur place, tout s'exécute à bras d'homme et par les procédés les plus primitifs. Aussi ne saurait-on se défendre d'un sentiment pénible, lorsqu'on se heurte sur les quais à ces robustes travailleurs, accouplés, courbés sous *la barre* comme sous un joug, et portant avec effort à dos d'homme un fardeau que le moindre mécanisme manœuvré par un enfant soulèverait ou déplacerait aisément. Tout cela a pu suffire dans d'autres temps; mais aujourd'hui il y a danger. La création des voies ferrées et les progrès de la navigation à vapeur, qui ont tant aidé à la prospérité de Marseille dans ces dernières années, ne sont pas un privilége exclusif. La France n'est pas la seule à continuer, à agrandir, à compléter son œuvre ; les autres nations ne s'y épargnent pas; partout en Europe le réseau des chemins de fer s'étend et se ramifie ; partout les lacunes disparaissent; or il est moins difficile qu'on ne pense de changer les courants commerciaux. Marseille ne doit donc pas s'endormir dans une trompeuse sécurité. Elle doit avoir l'œil ouvert sur Trieste et sur Gênes, ses rivales toujours redoutées et les mieux préparées à la lutte. Bientôt l'achèvement du réseau italien va donner une importance plus grande à Livourne et à Naples. Déjà le percement prochain de l'isthme de Suez surexcite les espérances d'Ancône et de Brindes, et même des moindres ports de l'Adriatique méridionale. A l'ouest de la Méditerranée, d'autres transformations se préparent, et le réseau espagnol, qui se complète aussi, peut imprimer une direction nouvelle au commerce de ce pays, jusqu'ici exclusivement desservi par la navigation ; Marseille n'a pas moins à perdre de ce côté. Le danger n'est pas là uniquement, et nous avons vu, il y a bien peu d'années, les blés du Danube arriver en France par la frontière de l'Est. Ne soyons donc pas confiants outre mesure. Marseille soutiendra sa vieille renommée, nous n'en doutons pas ; elle sera encore ce qu'elle est depuis des siècles : la reine de la Méditerranée ; mais c'est à la condition d'être une reine active, vigilante, avisée ; de prévoir la lutte, et de se munir des armes qui peuvent seules assurer sa supériorité, c'est-à-dire d'un outillage perfectionné, qui la maintienne au niveau du progrès général, et lui donné, ce qui lui manque : L'économie de frais, l'économie de temps.

Or, quel a été, quel pourrait être encore le principal obstacle à ce progrès nécessaire ? — L'esprit de routine, les préjugés, et, il faut bien le dire, les prétentions singulières de la corporation des portefaix.

III.

Les portefaix du port ont toujours joué un rôle important à Marseille, bien que, sous le régime même des corporations, ils ne formassent pas, nous le croyons du moins, un véritable corps d'état. Mais ils avaient une organisation, des règlements, une discipline, dont la trace se retrouve dans l'association actuelle. Cette organisation survécut à l'abolition des *corps de métier*, précisément parce qu'elle n'en avait. pas le caractère ; et, sous les divers régimes qui se succédèrent jusqu'en 1814, les portefaix continuèrent à avoir une sorte d'existence propre ; ils restèrent ce qu'on appelait, et ce qu'on appelle encore, le *corps* des portefaix, exerçant sur les quais, alors à peu près déserts, de Marseille une domination jalouse, et d'ailleurs incontestée.

Les idées qui prévalurent en 1814 et 1815, et la réaction qui marqua les premières années de la restauration contre les principes de la révolution française, fournirent au corps des portefaix une occasion naturelle d'asseoir leur importance sur une organisation moins irrégulière. Les règlements de l'association actuellement en vigueur datent de cette époque (26 novembre 1816), et, chose qui paraîtra incroyable aujourd'hui, ces règlements, en contradiction flagrante avec la législation de 89 et de 91, furent approuvés, et en quelque sorte sanctionnés par l'autorité préfectorale du temps. Cette sanction, en donnant à l'association des portefaix, en apparence sinon en réalité, une sorte de légalité, produisit l'effet qu'on devait en attendre. Les portefaix se firent une fausse idée de leurs droits. Ce qu'ils n'avaient pu être au temps des maîtrises et des jurandes, ils pensèrent l'être devenus sous le régime de l'émancipation du travail, et constituèrent de fait une véritable *corporation*.

Bientôt, cependant, les entraînements qui avaient prévalu dans les premières années de la Restauration prirent une direction toute contraire, et l'attention publique se porta sur ce corps privilégié qui faisait revivre les traditions d'un autre âge, et semblait être une protestation vivante contre le libéralisme du siècle. Les portefaix comprirent le danger, et ne se dissimulèrent pas de quel faible secours leur pouvait être l'approbation si légèrement donnée à leurs règlements. Ils n'y renoncèrent pourtant pas, mais ils en dégagèrent, pour la mettre en relief, la partie relative à l'assistance, et ils s'intitulèrent *Société de bienfaisance*, dissimulant sous ce nom tout le reste. En fait, ce nouveau règlement, qui porte la date du 15 mai 1853, ne contient aucune dérogation sérieuse à celui de 1816; il reproduit au contraire virtuellement ses dispositions les plus significatives, et maintient toutes les autres par une prorogation générale (1). On peut même dire qu'il en aggrave la portée, puisqu'il donne aux chefs de l'association le droit de compléter le règlement « par des délibéra-

---

(1) « Les dispositions des délibérations et des règlements qui ne sont pas contraires au présent règlement restent en vigueur jusqu'à ce qu'il y soit légalement dérogé. » (Chap. XIII, art. 1er, du règlement de 1853.)

tions conformes à son esprit (1). » Il n'y a donc de changé que le titre, et le nom sympathique de *Société de bienfaisance* n'a d'autre but que de colorer les prétentions les plus exclusives et la domination la moins déguisée.

____

(1) « Des délibérations conformes à l'esprit du présent règlement détermineront les règles à suivre pour toutes les questions de travail *nouveau* qui se présenteront dans le courant de la législation actuelle. » (Chap. XIII, art. 2, id.)

IV.

Que l'association des portefaix ait, depuis son origine, usé et abusé de la prépondérance qu'elle avait réussi à s'assurer, cela tient à la nature de l'homme, et il n'est pas permis de s'en étonner beaucoup. Mais, avant de signaler ces abus, rendons pleine justice à des hommes estimables, et dont, pour rien au monde, nous ne voudrions blesser les sentiments. Qui dit portefaix à Marseille dit probité, fidélité, exactitude. Il peut y avoir des exceptions sans doute, car quel est le bon grain où ne se mêle un peu d'ivraie; mais s'il y a eu des exceptions, elles ont été rares, et nous déclarons, pour notre part, n'en pas connaître. La discipline de l'association est vigilante et sévère, et un acte d'indélicatesse exposerait celui qui s'en rendrait coupable à une expulsion immédiate. De plus, la grande habitude que les maîtres ont de la marchandise (car il y a les maîtres et les ouvriers portefaix) fait que le négociant peut se reposer sur eux du soin de la reconnaître, de la classer, de la conditionner. Ils sont et continueront d'être, à ce point de vue, un des rouages utiles de cet outillage commercial dont nous parlions tout à l'heure, et dont nous désirons le perfectionnement.

Mais voyons si le commerce ne paye pas à trop haut prix ces garanties de probité et d'expérience que nous nous plaisons à constater.

L'association des portefaix de Marseille constitue une caste,
et cette caste est aussi intolérante, aussi exclusive, aussi
orgueilleuse que si elle remontait aux croisades. Naturel-
lement aussi, comme toutes les castes, elle met un très-
haut prix à ses moindres services, et se pose en adversaire
déclaré de toutes les innovations, de tous les progrès.

Nous n'exagérons pas, et, pour le mieux montrer, nous
allons nous arrêter un moment sur les règlements de l'association. C'est une étude instructive et curieuse.

Nous ne parlerons pas d'un article de ces règlements
qui fait défense à tout travailleur étranger à la Société
de couvrir ses épaules du sac, et qui frappe les contre-
venants d'une amende de trente francs. Le *sac* est l'in-
signe du portefaix, et il n'en permet l'usage à personne (1).
Ceci n'est que plaisant. Ce qui est plus grave, c'est l'inter-
diction imposée à tous les membres de l'association de *se faire
aider* dans leur travail par des ouvriers étrangers à la Société, et cela, sous peine d'être exclus eux-mêmes de l'association (2). Les portefaix prétendent justifier cette exclusion
par cette mauvaise raison qu'ils ne veulent pas s'exposer
à être accolés à des voleurs, faisant ainsi planer sur tout ce

---

(1) « Les portefaix admis dans la Société ont seuls le droit de porter le *sac*.
Toute personne, non admise dans la Société, et faisant métier de transporter
des effets ou des marchandises, devra se servir d'un coussin dit *paillier*, sous
peine de trente francs d'indemnité envers la caisse des portefaix, pour chaque
contravention. » (*Règlement de* 1816, *chapitre de la police et discipline de
l'association*, art. 1er.)

(2) « Il est expressément enjoint à tous les portefaix de ne pouvoir se faire
aider dans leur travail que par des membres de la Société, sous peine d'être
exclus de l'association. » (*Ibid.*, art. 7.) Cet article a été modifié par le
règlement de 1853, et la peine de l'exclusion a été remplacée par une amende
de deux francs à deux cents francs.

qui n'est pas eux une présomption d'improbité. Mais ce n'est là qu'un prétexte, aussi peu sincère que peu fraternel. Si les portefaix de l'association ne veulent pas « se faire aider dans leur travail » par des ouvriers étrangers à leur compagnie, ils veulent moins encore que ceux-ci travaillent sans eux et en concurrence avec eux. La raison véritable de l'exclusion est donc évidente : Le port est le domaine des portefaix ; ils l'occupent en maîtres, et s'en partagent les *palissades*, c'est-à-dire les quais (1). Ils disputent rarement, il est vrai, les transports ordinaires, les transports *de ville*, aux travailleurs d'un ordre inférieur, aux *Robeïrous*, aux *porteïris ;* mais les transports du commerce leur appartiennent sans partage. Jamais monopole ne fut plus caractérisé, et plus d'une fois on les a vus donner à ce monopole une sanction violente, et employer la force pour repousser de pauvres hères qui ne demandaient qu'à travailler à côté d'eux.

Ainsi maîtresse du terrain et libre de toute concurrence, l'association a tarifé son travail à sa guise. Elle n'avait de compte à rendre à personne, puisque l'autorité, qui avait visé ses règlements, avait *ipso facto* approuvé ses tarifs, faits ou à faire. Quant au commerce, il n'avait qu'à payer. Devant qui

---

(1) « Les portefaix sont divisés en trois sections, sous le nom de palissades de *la Loge*, de *Sainte-Anne* et de celle *des Blés*. Aucun ouvrier, non admis dans la Société, ne pourra s'établir sur ces emplacements pour y chercher du travail, ni peser, entreposer et prendre aucune marchandise sur lesdites palissades, depuis *Saint-Jean* jusqu'au bout de *Rive-Neuve* et toute l'*Ile-du-Canal*. » (*Ibid.*, art. 2.)

« Tous les capitaines ou maîtres de bâtiments faisant débarquer des marchandises au moyen d'une planche appuyant à terre, seront expressément obligés de prendre des portefaix de la colonne pour opérer leur débarquement. » (*Ibid.*, art. 9.)

Nous pourrions multiplier ces citations.

aurait-il réclamé? A qui se serait-il adressé pour obtenir de meilleures conditions? C'était à prendre ou à laisser.

Voilà pour le profit. Restait le loisir. Il semble que les rédacteurs du règlement se soient proposé ce problème : Ralentir le travail, et en donner au commerce le moins possible pour son argent. Il faut lire, à ce sujet, ce qu'a écrit dans la *Revue Contemporaine* (4e livraison de 1862), un savant professeur qui a longtemps habité Marseille et qui y a laissé les plus honorables souvenirs, M. Rondelet : « Non-« seulement, dit-il, le travail a été réservé aux seuls porte-« faix, mais, suivant l'esprit des anciennes corporations du « moyen âge, des mesures ont été prises pour prévenir toute « concurrence dans le prix et tous progrès dans la main-« d'œuvre. Toutes les opérations sont réglées et tarifées ; le « nombre des portefaix à employer dans chacune d'elles est « fixé d'avance : tant de débarqueurs, tant d'hommes pour « le criblage des blés, tant de cribles, suivant la nature du « chargement. La distance des lieux, la situation des navires, « les difficultés du transport ont été prévues ; sur les quais, « d'un numéro à l'autre, on ajoutera un homme ; dans le « port, on ajoutera deux, quatre, six hommes, suivant que le « navire sera au premier, au second, au troisième rang (1).

---

(1) « D'après les usages établis pour le débarquement des céréales et des marchandises, il y aura *deux* débarqueurs à bord des navires de long cours qui débarqueront leur cargaison du premier rang ; il en sera mis *quatre* à bord des bâtiments qui se trouveront placés au deuxième rang, et on en mettra *six* à bord des bâtiments qui seront au troisième rang. » (*Règlement de 1853*, art. 84.)

« Quant aux navires de petit cabotage, il y aura *deux* débarqueurs à bord des bâtiments qui débarqueront du premier rang, il y en aura *trois* à bord de ceux placés au deuxième rang, et il en sera mis *quatre* à bord des bâtiments qui voudraient débarquer du troisième rang. » (*Ibid.*, art. 85.)

« Il n'y a pas moyen de s'y tromper. Ces tarifs et ces dis-
« positions, qui n'ont jamais été débattus contradictoirement
« entre les portefaix et les négociants, sont partout reçus et
« pratiqués ; ils n'ont provoqué aucun débat et ne font naître
« aucune réclamation. A plusieurs reprises ils ont été modi-
« fiés par le grand conseil, sans que le commerce ait élevé
« la moindre réclamation. *Il s'est contenté de porter sur le*
« *compte courant de ses correspondants l'augmentation que*
« *lui demandait le portefaix.* »

Mais ce n'est pas tout. Pour multiplier les bras, il faut ralentir le travail ; il ne faut pas que l'homme puisse travailler
trop vite ou trop aisément, et le règlement interdit tout ce qui
serait de nature à accélérer sa tâche. « Pour empêcher cet
« accroissement de rapidité, qui serait une baisse de prix
« déguisée, dit encore M. Rondelet, le travail à la journée
« n'est pas admis. Ainsi le prix du débarquement de cent
« charges de blé étant fixé, le temps de l'opération, comme
« dit Alceste, *ne fait rien à l'affaire*. Pourtant, si la mise à
« quai, le criblage, le mesurage, le transport en magasin, se
« faisaient par des procédés trop expéditifs, le négociant
« s'apercevrait bien vite que le prix demandé n'est plus en
« rapport avec le travail reçu. Il faut donc que le travail ne

---

« Il arrive assez souvent que les débarqueurs sont obligés de transporter la
marchandise 1° du commencement du quai d'Orléans jusqu'à son extrémité.
Or, quand un pareil cas se présentera, on emploiera à leur débarquement *six*
portefaix-débarqueurs ; 2° depuis la maison n° 1 du même quai jusqu'à la
maison n° 9, il y en aura *cinq* ; 3° de la maison n° 3 à la dernière maison
dudit quai, on en mettra *quatre*, et depuis le coin de la rue Suffren jusqu'au
lieu de la mise à quai des marchandises, on y mettra *trois* débarqueurs.
Quant aux autres palissades où il y aurait des navires en cours de débarquement, et où il faudrait procéder de la sorte, on se réglera, à quelque chose
près, sur la longitude fixée dans les cas précités ci-dessus. » (*Ibid.*, art. 86.)

« se fasse ni trop aisément ni trop vite. Aussi *le règlement in-*
« *terdit expressément l'emploi des brouettes, des charrettes,*
« *de tout moyen de transport mécanique, afin de ne pas sou-*
« *lager le bras de l'homme et de ne pas diminuer le nombre*
« *des travailleurs.* Seules, les charrettes sont tolérées lors-
« que la distance est telle que les portefaix eux-mêmes en
« réclament l'emploi (1).

Si incroyables que ces prohibitions puissent paraître,
elles existent et se pratiquent ouvertement, naïvement.
L'usage et l'habitude leur ont pour ainsi dire donné force de loi,
et l'on a vu l'autorité municipale elle-même y prêter la main.
En 1857, un maître portefaix, accusé d'avoir transgressé le règlement en faisant opérer une mise en magasin de blé avec
l'aide de charrettes, lorsque ce travail pouvait être fait à dos
d'homme, réclama contre une amende de cinquante francs
que le syndic lui avait infligée. Le maire, pris pour arbitre,
confirma la sentence, et ordonna que l'amende serait appli-
quée aux pauvres.

---

(1) « Il est expressément défendu aux portefaix d'occuper deux places
dans le même chantier, *c'est-à-dire qu'un seul homme ne pourra faire le
travail de deux.* » (*Ibid.*, art. 30.)

« *Il est expressément défendu aux portefaix de faire le transport des
grains par charrettes,* quand les membres de la Société suffiront pour l'opérer de la manière suivante, etc. » (*Ibid.*, art. 28.)

« Si, par l'abondance du travail, les portefaix n'étaient pas suffisants pour
faire le transport des céréales, conformément aux articles 28 et 29 du présent chapitre, *il appartiendra aux syndics d'ordonner de le faire par
charrette, plutôt que d'y voir employer des individus non admis dans
notre Société de bienfaisance.* » (*Ibid.*, art. 56.)

« Il vaut mieux faire travailler les hommes que les chevaux.......... »
(Lettre de M. Joseph Merle, maître portefaix, *Gazette du Midi* du 24 septembre 1864..)

M. Rondelet est peut-être trop affirmatif lorsqu'il déclare que le commerce s'est toujours montré indifférent à ces abus. Le commerce a essayé de résister quelquefois ; — mollement, il est vrai, et il est facile de donner la raison de cette apathie. Le maître portefaix est l'homme de confiance du négociant, qui se décharge sur lui du soin de veiller sur la marchandise, d'en opérer ou d'en recevoir la livraison. M. Rondelet le remarque très-bien lui-même : « A toute « heure du jour, le maître portefaix pénètre dans le comptoir « de la maison qui l'occupe ; il sait où il trouvera les clefs « des magasins ; il les prend sans prévenir personne ; pres- « que tous les gardent chez eux pendant la nuit ; tel com- « merçant ignore ou ne sait que très-vaguement en quel « endroit précis se trouvent déposées les plus précieuses car- « gaisons ; il ne s'inquiète ni de louer l'entrepôt, ni de véri- « fier l'état de la marchandise ; ces détails regardent le maî- « tre portefaix. » On comprend qu'avec de tels errements le négociant ait tout intérêt à ne pas mécontenter son maître portefaix ; et, d'ailleurs, comme l'a observé M. Rondelet, « il porte ce qu'il paye sur le compte courant de son cor- respondant. »

Dans quelques circonstances, cependant, les prétentions des portefaix ont pris un tel caractère de folle exigence qu'elles ont lassé la tolérance du commerce. Nous en citerons un exemple : Il est d'usage assez général de cribler les blés au débarquement. Comme cette opération est lucrative pour les portefaix, ceux-ci s'étaient persuadé que le propriétaire du chargement n'avait pas le droit d'en faire l'économie. Ils s'obstinaient donc à *cribler*, par cela seul qu'ils avaient été commandés pour *débarquer*. Il en résultait que la dépense du criblage devenait *obligatoire*, alors même qu'elle était *inutile*. Vainement quelques négociants résistaient ; vainement l'autorité elle-même était intervenue pour faire entendre des conseils paternels ; les portefaix y avaient répondu par la menace, et étaient descendus sur le quai *la barre* à la main. Il fallut battre le rappel, convoquer la garde nationale et faire un grand déploiement de forces. Nous n'oserions affirmer malgré cela qu'aucun négociant, *pour avoir la paix*, n'ait continué et ne continue encore à payer les frais d'un criblage inutile, et partant onéreux.

Il en est de même pour le pesage. C'est vainement que le capitaine et le consignataire seraient disposés à se contenter, lorsque le fret est réglé au poids, du pesage de la Douane ou même de celui des peseurs publics ; les portefaix ont le droit de peser, et ils pèsent (1).

Nous pourrions rappeler d'autres dispositions non moins singulières, mais ce qu'on vient de lire suffit pour faire connaître l'esprit de l'association. A qui voudrait d'autres détails, nous nous bornerons à dire : Lisez les règlements ; nous n'avons relevé qu'une partie des énormités qu'ils renferment. Ces règlements sont, d'ailleurs, imprimés, et jamais, jusqu'à ces derniers temps, les portefaix n'avaient pris souci de les cacher à personne. C'est de très-bonne foi qu'ils les conservent et de très-bonne foi qu'ils les pratiquent. On les

---

(1) « Les portefaix des négociants ou des autres particuliers, consignataires de navires, *auront le droit* et devront *nécessairement* peser toutes les marchandises au débarquement, lorsque le frêt sera réglé au poids, lors même que ces marchandises seraient pesées par peseurs publics, peseurs de la Douane, ou autres personnes. » (Chap. VI, art. 1er.)

étonne beaucoup quand on leur dit que ces règlements sont onéreux pour le commerce, et qu'ils portent atteinte à la liberté des transactions et du travail. Ce langage leur paraît étrange ; ils s'en irritent, et répondent, comme l'a observé M. Rondelet, « que le négociant porte au compte de ses correspondants ce qu'il paye à ses portefaix ; » qu'il n'y perd donc rien, et que Marseille a tout à gagner à ce que les marchandises qui entrent dans le port y laissent beaucoup d'argent et de profit.

Nous ne ferons pas à cette théorie l'honneur de la discuter. Nous ne nous croyons pas tenus de prouver *par raison démonstrative* que le moment est venu de reléguer au cabinet des Antiques cette médaille ternie, qui porte pour exergue : *chacun pour soi, chacun chez soi.* Lorsque le Gouvernement multiplie les voies ferrées, creuse de nouveaux bassins, quadruple les surfaces des quais, crée des docks, pour attirer la marchandise à Marseille et améliorer son outillage commercial, il n'est pas admissible que l'esprit de routine et les préjugés locaux puissent paralyser des sacrifices consentis dans l'intérêt de la communauté toute entière. Dans une question de cette nature, il ne s'agit pas uniquement de l'intérêt de Marseille, il s'agit de la prospérité commerciale de la France.

Ce n'est pas tout : On raisonne comme si le commerce de Marseille était exclusivement un commerce de commission et de transit. Mais, combien de maisons opèrent à Marseille pour leur propre compte, et, dès lors, ne sauraient répéter de personne le surcroît de frais dont on les grève ! De plus, Marseille est aussi une ville industrielle, et l'industrie vit d'économie et de bon marché. Marseille consomme, et toute aggravation de dépense dans la production se résout en une aggravation de prix pour le consommateur. Enfin, à ne considérer que le commerce de commission proprement dit, le commettant paye, dit-on : Soit, il paye, mais il compte; et s'il est trop grevé, trop pressuré, il s'abstient, ou cherche sur d'autres places des services moins onéreux.

V.

En dépit des attaches de l'habitude, et malgré l'étroite servitude des vieilles relations entre le négociant et *son* portefaix, tout ce que Marseille compte d'hommes éclairés réclame ou souhaite depuis nombre d'années la réforme des abus que nous venons de signaler. Or, pour réaliser ce *desideratum*, pour entrer dans la voie des économies de frais et de temps, que faire? Quelques-uns par leur expérience personnelle, d'autres par leurs lectures et leurs études, le plus grand nombre par instinct, comprenaient qu'il fallait s'inspirer des institutions commerciales de l'Angleterre, et, principalement, créer un ou plusieurs Docks, c'est-à-dire établir des bassins entourés de hangars et de magasins, outillés de manière à activer les manutentions et à économiser la main-d'œuvre. Déjà le Havre était entré dans cette voie; Marseille pouvait-elle rester en arrière?

De 1853 à 1855, ce mouvement de l'opinion publique se prononça avec une remarquable unanimité, on pourrait même dire avec ce caractère d'engouement et de passion qui est le propre des imaginations méridionales. Celui qui, à ce moment, se fût avisé de faire remarquer que l'établissement d'un Dock pourrait diminuer la valeur des *domaines* (1), ou

---

(1) On appelle *domaines*, à Marseille, de hautes et vastes maisons affectées, de la cave au grenier, au magasinage des marchandises, mais dépourvues de toute espèce de facilités mécaniques.

nuire aux intérêts de la corporation des portefaix, n'aurait pas été mieux reçu que ceux qui, quelques années plus tôt, auraient repoussé les chemins de fer par intérêt pour les aubergistes et les rouliers.

Voici dans quelle circonstance se produisit ce mouvement de l'opinion publique. On n'a pas perdu le souvenir des débats qui existaient, il y a dix ans, entre l'État et la ville de Marseille, au sujet des terrains de l'ancien Lazaret, dont l'un et l'autre revendiquaient la propriété. Une transaction intervint par laquelle l'État fit abandon à la Ville, non-seulement des terrains litigieux, mais encore de ceux conquis et à conquérir sur la mer pour la construction des nouveaux ports. Seulement, l'État mettait pour condition que ces terrains eux-mêmes, ou le prix de leur réalisation, seraient affectés à certains travaux d'intérêt public, dont le programme fut dressé. L'établissement d'un Dock occupait le premier rang dans ce programme, soit à raison de son utilité propre, soit par cet autre motif non moins concluant que la construction d'un vaste entrepôt, dans le voisinage immédiat des nouveaux ports, était indispensable pour attirer de ce côté le mouvement de la navigation et l'activité commerciale. Cette transaction, habilement conduite par l'honorable M. Frémy (1), fut sanctionnée par la loi du 10 juin 1854. Deux ans après, le Dock lui-même était concédé à la Ville, qui le transmettait à son tour à la Compagnie représentée par M. Paulin Talabot, moyennant une redevance annuelle.

Cette concession avait d'ailleurs été laborieusement et

(1) Aujourd'hui gouverneur du Crédit foncier de France, et l'un des administrateurs de la Compagnie des Docks.

soigneusement étudiée et préparée. Une commission locale, dans laquelle le commerce de Marseille était représenté par ses délégués les plus autorisés, avait rédigé le cahier des charges et les tarifs. Le Gouvernement et le Conseil d'État s'étaient bornés, pour ainsi dire, à s'approprier ce travail préparatoire en le sanctionnant. Les concessionnaires du Dock avaient dû accepter ce cahier des charges et ces tarifs, sans discussion et de confiance; et, en admettant que des tarifs, rédigés il y a dix ans, méritent aujourd'hui quelques critiques de détail, il y aurait mauvaise grâce à en faire grief à la Compagnie. Rien ne s'oppose d'ailleurs à ce que ces tarifs soient revisés et améliorés en temps opportun, et personne n'est plus intéressé que la Compagnie elle-même à provoquer cette amélioration.

La construction du Dock a été lente et laborieuse. D'une part, elle se subordonnait à la marche imprimée par l'État à l'établissement des défenses extérieures; d'autre part, toute la surface du Dock, à l'exception du môle déjà construit de la Joliette, devait être conquise sur la mer. Or, la difficulté de se procurer des remblais a ralenti pendant plusieurs années la construction des môles et des quais. Les bassins ont dû être creusés à l'aide de mines sous-marines, et ce difficile travail n'est même pas encore complétement terminé. Enfin, les constructions elles-mêmes reposent sur des terrains meubles ou de mauvaise qualité, qui ont nécessité de lentes et coûteuses substructions. Ces difficultés ont été heureusement vaincues par l'art des ingénieurs et la persévérance de la Compagnie, et aujourd'hui, enfin, le vœu de 1854 est réalisé. Le Dock existe; il fonctionne, si ce n'est dans ses conditions définitives, au moins dans des conditions suffisantes pour donner au commerce d'amples satisfactions.

Il est bon de noter que cette période de travaux et de préparation n'a pas été perdue, et déjà le Dock a pu rendre au commerce et à la navigation d'importants services. Dès 1859, et avant de disposer d'un seul magasin, la Compagnie, dont la concession comprenait le môle de la Joliette, a réussi à centraliser sur ce point l'embarquement et le débarquement des nombreux bateaux à vapeur qui fréquentent le port de Marseille. Dans le courant de 1863, elle y a manutentionné 1,897,566 colis, représentant un poids de 153,407 tonnes de 1,000 kilogrammes, embarqués ou débarqués par 2,072 navires (1). Ce service fonctionne avec célérité, sécurité, économie, et bien que partout gêné, partout à l'étroit, il n'a donné lieu à aucune plainte.

En outre, dès que l'avancement des travaux de remblaiement le lui a permis, la Compagnie a utilisé des surfaces encore incomplètes et des quais inachevés ; elle a notamment organisé sur le môle d'Arenc un service de transit, en communication directe avec le chemin de fer de la Méditerranée, et principalement affecté aux charbons et aux marchandises encombrantes. Le mouvement a été, en 1863, de 255,451 tonnes, dont 190,000 tonnes pour les charbons (2). Or, avant l'organisation de ce service, il ne s'exportait pas un seul kilogramme de charbon français, et notre

---

(1) Compte rendu de l'assemblée générale de la Compagnie des Docks, du 14 mai 1864, page 16.
(2) Ibid.

navigation à vapeur avait été de tout temps tributaire de l'Angleterre. L'outillage et les aménagements créés par le Dock en vue de ce service de transit ont donc procuré un important débouché à nos bassins houillers, limités jusque-là à la consommation intérieure. Les quantités exportées vont toujours en augmentant, et ne s'élèveront pas, en 1864, à moins de 225,000 tonnes pour les charbons seulement. Un progrès non moins remarquable s'est produit dans l'importation des minerais, au grand avantage de nos hauts-fourneaux. Enfin, le matériel des chemins de fer, et généralement tous les objets ou matières dont le poids ou le volume rendent le déplacement difficile, ont trouvé au Dock des facilités d'embarquement et de débarquement qu'il leur eût été impossible de se procurer ailleurs.

Quant au service de l'entrepôt proprement dit, ce service est encore à ses débuts. Le grand et sévère édifice que l'on désigne sous le nom d'*Entrepôt commercial* n'a été terminé que vers la fin de 1863. Il en a été de même pour le Dock de douane ou entrepôt réel, qui entoure le bassin du Lazaret ; l'Administration des douanes en a pris possession seulement le 1er janvier 1864. Déjà le stock des deux entrepôts (l'entrepôt de douane et l'entrepôt libre) s'élève à près de 40,000 tonnes, et le moment n'est pas éloigné où les ressources de magasinage dont dispose la Compagnie ne seront plus au niveau des besoins. Aussi poursuit-elle avec activité la construction de nouveaux magasins autour des bassins du Lazaret et d'Arenc. L'outillage du Dock est d'ailleurs complet, et fonctionne d'après les procédés les plus perfectionnés, sur les modèles fournis par le célèbre ingénieur anglais, sir W. Armstrong. De l'aveu de tous les hommes compétents, français ou étrangers, qui ont visité le Dock de

Marseille, aucun établissement du même genre n'a été jusqu'ici fondé sur des bases plus larges, et n'est mieux en mesure de répondre au but de son institution.

Ainsi, le Gouvernement, la Ville, la Compagnie ont fait leur œuvre, et c'est au commerce marseillais qu'il appartient maintenant de mettre à profit les procédés de simplification et d'économie qui sont dès aujourd'hui à sa disposition.

VI.

La création du Dock devait nécessairement apporter une certaine confusion dans les habitudes et les pratiques commerciales de Marseille. Il est surtout facile de comprendre que l'association des portefaix ait vu d'un mauvais œil un établissement qui demande à l'ouvrier tout ce qu'il peut donner de travail intelligent, mais au travail purement musculaire, le moins possible. Il est donc arrivé ce à quoi on devait s'attendre. Cette association, qui proscrit la brouette et le chariot comme étant des procédés mécaniques trop avancés, s'est sentie non-seulement troublée dans ses vieux errements, mais encore menacée dans sa domination. Elle a compris que le Dock ne pourrait accepter ni les tarifs de l'association ni ses règlements. Le commerce avait pu jusqu'ici subir, plus ou moins patiemment, les exigences des portefaix, mais le négociant est libre dans ses mouvements, et s'il paye plus qu'il ne convient c'est le commettant ou le consommateur qui supportent en définitive ce surcroît de frais. La situation du Dock est toute autre. S'il paye d'une main, il doit recouvrer de l'autre ; or, ses tarifs ne sont pas son œuvre, et, le voulût-il, il ne serait pas maître de les surélever pour les mettre en harmonie avec les tarifs des portefaix. C'est la situation inverse qui est la vraie. Le Dock ne pouvait pas davantage accepter les conditions de travail dont la singularité a dû faire sourire nos lecteurs. Il ne pouvait pas notamment se laisser imposer les articles du règlement des portefaix qui déterminent la durée du travail, le choix des hommes à employer, le nombre de bras à occuper à chaque opération, et qui mettent en interdit, non-seulement les machines, mais les charrettes et les brouettes. Le Dock a donc maintenu son droit de débattre les salaires, de choisir les hommes qu'il occupe, et de régler les conditions de leur travail.

Est-ce à dire qu'en agissant ainsi le Dock ait eu la pensée de réduire les salaires au-dessous d'une juste rémunération du travail demandé à l'ouvrier des ports? — Dans une ville comme Marseille, où la main-d'œuvre est sollicitée de tant de côtés, un pareil grief n'est pas sérieux. Ce n'est pas la réduction des salaires, c'est leur exagération qui seule est à craindre, et, lorsque les portefaix parlent « de leurs familles réduites à la misère, » ils ne font illusion à personne, et nous sommes heureux de pouvoir dire que c'est là, de leur part, une rhétorique perdue.

Est-il plus exact de prétendre que le Dock cherche systématiquement, et par esprit de représailles, à exclure les portefaix? — Tout au contraire. Nous avons bien vu le Dock mis au ban des portefaix, mais nous n'avons pas vu les portefaix mis au ban du Dock. En toute occasion, le Dock a fait appel à leur concours, et, sur les 12 à 1,500 ouvriers de toute espèce et de toute catégorie qu'il occupe, 150 environ, maîtres et ouvriers, appartiennent à l'association, et ont pour travailler au Dock bravé l'ostracisme de leurs camarades. Il est tout disposé à en admettre un plus grand nombre ; seulement il exige que ces portefaix n'entrent pas au Dock pour ainsi dire d'autorité, et il n'admet pas qu'ils se présentent comme les maîtres de céans. De là, la colère et l'hostilité des portefaix.

Cette hostilité, tantôt sourde et tantôt tapageuse, a surtout bruyamment éclaté, lorsque, en janvier 1864, la Compagnie du Dock est entrée en possession de son privilége d'entrepôt de douane. A ce moment décisif, le dernier voile s'est déchiré, et les portefaix ont pu se convaincre que le Dock était en situation de se passer de leurs services. N'écoutant plus alors d'autres conseils que ceux de la violence, la majorité a mis à exécution les mesures d'exclusion décrétées en 1861, mais devant lesquelles elle avait longtemps reculé (1). C'est à ce moment qu'ont été *définitivement* expulsés les sociétaires assez avisés pour comprendre la situation nouvelle, et qui avaient eu l'heureuse inspiration d'offrir au Dock une coopération accueillie avec empressement et faveur. Il y a eu crise ; les mauvaises têtes, les esprits turbulents ont crié à la trahison, et parlaient de se faire justice eux-mêmes. L'autorité émue a pu craindre un moment que l'ordre public ne fût sérieusement menacé. Tout cela, il est vrai, se passait sous l'impression, non encore calmée, des récentes élections. Car, il faut bien le dire, les portefaix, dont les 2,500 votes n'étaient pas à dédaigner, avaient été

---

(1) « Article additionnel. — Il est interdit à tous les sociétaires d'accepter un emploi quelconque, sous quelque prétexte que ce soit, dans n'importe quelle administration, sans en avoir au préalable demandé et obtenu l'autorisation de la Société, qui, après l'avoir accordée, pourrait la retirer si elle le jugeait nécessaire dans l'intérêt de l'association.

« Tout contrevenant à cet article sera appelé par-devant le Conseil, qui statuera sur la pénalité qu'il aura encourue, et qui pourra, s'il le juge convenable, l'exclure de la Société. » (Décision du Conseil en date du 7 novembre 1861, renouvelée et mise en vigueur le 30 décembre 1863.)

Cet article additionnel était non-seulement à l'adresse du Dock, mais encore à celle des Messageries impériales. C'est en vertu de ses dispositions que les portefaix travaillant au Dock ont été définitivement exclus *à perpétuité*.

flattés jusqu'à l'ironie, par tous les partis, et s'étaient enivrés de promesses, plus ou moins sincères, plus ou moins imprudentes, des candidats de tous les bords. Un moment ils avaient pu se croire maîtres de la situation ; aujourd'hui encore, bien que le silence commence à se faire autour d'eux, et que la lassitude pénètre chez leurs plus chauds partisans, ils se vantent bien haut de l'appui reconnaissant des avocats éminents auxquels ils ont donné leurs suffrages. Ils plaident donc, ils argumentent, ils écrivent dans les journaux, ils pétitionnent. On nous permettra, à notre tour, de donner notre avis sur leurs prétentions.

VII.

Au début de leur polémique, et dans le trouble des premiers moments, les portefaix ont mis en avant un singulier système : Ils ont voulu considérer les bassins et les quais du Dock comme une propriété publique; ils ont revendiqué le droit de s'y installer, ainsi qu'ils le pratiquent sur les quais libres, avec leurs réglements et leurs tarifs. Suivant eux, les bassins du Dock sont des ports, et les ports appartiennent aux portefaix. Il importe peu que ces bassins aient été creusés et les quais qui les entourent construits à grands frais par des capitaux privés; la Compagnie, ayant accompli sa tâche, n'a plus qu'à s'effacer, et doit laisser la place libre aux *travailleurs* de la Société.

Cette thèse s'est hardiment produite, et trouvera peut-être encore des avocats pour la défendre. On a compris cependant qu'il fallait chercher autre chose, et qu'une argumentation de cette force avait peu de chances de succès. Les portefaix se sont alors présentés comme les mandataires *naturels* du négociant, et ils ont invoqué *le droit au travail du Dock*, non plus en leur nom personnel, mais au nom du commerce. — Nous voulons travailler, ont-ils dit, *d'ordre et pour compte de nos patrons respectifs, mais aux frais du Dock.* Voici, du reste, comment cette demande a été formulée dans une lettre des syndics de la Société au président du Conseil d'administration de la Compagnie des Docks : « Nous demandons que les « négociants, qui veulent employer *leurs* portefaix à la manu-

« tention de la marchandise, aient la liberté de le faire, sans
« que l'usage de cette faculté puisse leur être refusé, et sur-
« tout sans qu'il puisse leur en coûter plus cher (1). »

Il y a deux choses dans cette demande qu'il faut soigneusement distinguer : — Le droit revendiqué au nom du négociant d'employer, dans l'enceinte même du Dock, *ses* portefaix à la manutention de *sa* marchandise ; — le droit d'imposer
au Dock le tarif arbitraire et surélevé des portefaix, tandis
que le Dock ne recevrait lui-même du commerce que le tarif
inférieur du cahier des charges. Nous ne voudrions pas insis-
ter plus qu'il n'est nécessaire sur le côté ridicule de cette dernière prétention. Il n'est pas admissible que les portefaix se
maintiennent longtemps sur un terrain de discussion qui abou-
tirait à cette singulière formule : Le Dock payera la main-
d'œuvre suivant le tarif des portefaix, et sera remboursé
suivant le tarif du Dock ; en d'autres termes, le Dock tra-
vaillera à perte. — Ainsi nous admettons qu'à l'avenir (nous
leur faisons l'honneur de le supposer) les portefaix se borne-
ront à réclamer le droit de travailler au Dock, *pour le compte
de leurs* négociants, mais aussi qu'ils ne présenteront leurs
notes de frais qu'à ces derniers. Dans cette hypothèse, le Dock
ne percevrait rien en dehors du magasinage proprement
dit ; il n'exécuterait par lui-même aucune manutention ; mais
il livrerait ses cours, ses hangars et ses quais au commerce
et aux portefaix, le tout sans loyer et sans rémunération
d'aucune espèce. On ne s'explique même pas sur ce que
deviendrait, dans ce cas, la responsabilité du Dock.

Qui ne voit d'ici la confusion et le désordre qui résulte-

---

(1) Lettre du 9 mai 1862. Voir le *Courrier de Marseille* du 3 septembre
1864.

raient de cette immixtion, dans le travail général du Dock,
d'une armée de portefaix, délégués par *leurs* négociants, c'est-
à-dire *libres*, et n'ayant d'ordre à recevoir que des chefs de
la corporation? Ce serait l'anarchie, et nous ne pensons pas
qu'aucun règlement intérieur, ni même que l'intervention de
l'autorité ou de la police pût maintenir dans ce tohu-bohu un
ordre, une discipline quelconques.

Que le négociant livre sa marchandise aux travailleurs de
son choix sur les quais publics, à la seule condition de se soumettre aux règlements de voirie et de police édictés par l'autorité ; qu'il use de la même liberté dans les magasins dont il
a la clef, et dans lesquels il est le maître aussi bien que dans
son propre comptoir : rien de mieux. Mais le Dock est autre
chose. Nous ne dirons pas que le Dock soit une propriété privée, l'expression serait impropre ; le Dock est une institution
publique, comme les chemins de fer par exemple, mais une
institution créée à l'aide de capitaux privés, et gérée par une
société industrielle. Pour se couvrir de ses frais de main-
d'œuvre et rémunérer son capital, la Compagnie est autorisée
à percevoir, non-seulement des droits de magasinage, mais
encore des tarifs de manutention, qui représentent à la fois le
salaire des ouvriers travaillant au Dock et le loyer du capital
engagé dans l'entreprise. Enlever au Dock le droit exclusif
de manutentionner les marchandises déposées dans ses entrepôts, c'est lui enlever la meilleure part de sa rémunération
légitime, c'est méconnaître, c'est violer manifestement le contrat de concession.

Non-seulement cela ne serait pas juste, mais cela n'est pas
désirable, et il est facile de concevoir comment et pourquoi
le contrat de concession n'a stipulé aucune réserve au profit
du travail *libre*, tel du moins que l'entend la corporation des

portefaix. Si le Dock peut arriver à la simplification des opérations et à l'économie des frais, c'est à la condition de faire une bonne et utile répartition du travail général. Si chaque négociant amenait *ses* portefaix, le commerce occuperait beaucoup de bras sans doute, mais il ferait peu de besogne. Au contraire, en employant ses propres ouvriers aux opérations de tous, et non à l'opération d'un seul, en distribuant le travail avec intelligence, le Dock évite la dissémination des forces, la perte de temps, le chômage, et arrive à l'économie : c'est le but de l'institution et c'est son mérite.

C'est de ce point de vue général et élevé que la question doit être abordée, et sous réserve, bien entendu, des cas exceptionnels. Que, pour certaines marchandises d'une nature particulière, et pour certaines manutentions délicates, l'intervention de l'homme *spécial*, désigné par le négociant lui-même, puisse être une chose utile, cela se comprend et doit être prévu par les règlements du Dock. Sur ces points de détail il doit être facile de s'entendre. Le cahier des charges réserve d'ailleurs au négociant le droit de s'établir dans des magasins pris à loyer dans l'enceinte même du Dock, et dont il s'attribue l'usage exclusif. Déjà, si nous sommes bien informés, des arrangements de cette nature sont intervenus, et le commerce a reçu et doit recevoir toute satisfaction à cet égard. Mais tel n'est pas l'objet du débat avec les portefaix. Ce que veulent les portefaix, ce n'est pas le travail *spécial*, c'est le travail *général*, c'est-à-dire le travail intérieur des deux Docks : l'embarquement, le débarquement, la reconnaissance de la marchandise, le mesurage, le pesage, le criblage, la constatation des avaries, le conditionnement des colis, la mise en magasin, la livraison, la réception ; en un mot, tout ce qui constitue les manutentions réservées au Dock, tout ce qui a été réglé ou prévu par ses tarifs. Tout esprit de bonne foi et dégagé des préoccupations de l'intérêt privé, admettra que, dans ces termes, la prétention des portefaix est en opposition avec l'intérêt public et avec le contrat de concession. Aussi, lorsque le Dock dit aux portefaix : Vous êtes des gens honnêtes et experts ; vous connaissez la marchandise, et vous avez l'habitude des manipulations commerciales ; c'est une raison pour que je vous préfère à tous autres ; venez à moi, mais hâtez-vous, car déjà bien des places sont occupées ; venez à moi, mais voici mes conditions ; voici le salaire que je puis vous accorder, et qu'il ne dépend pas de moi de surélever, parce que celui que je reçois moi-même est limité, et que, comme vous, il faut que je vive. Quand le Dock dit encore que, pour faire un bon service, il est absolument nécessaire qu'il soit le maître chez lui, et qu'il dirige lui-même le travail ; qu'il ne pourrait, sans cela, ni réaliser les progrès qu'on attend de lui, ni assumer la responsabilité qui pèse sur sa gestion ; quand le Dock tient ce langage, il est non-seulement dans son droit, mais dans la mesure exacte de son droit.

VIII.

Mal assurés sur le terrain de leurs prétentions person-
nelles, les portefaix pensent faire une diversion habile en portant eux-mêmes l'attaque dans le camp adverse. On nous
accuse d'être un monopole, disent-ils, mais le Dock lui-même
n'est pas autre chose. Cette accusation de monopole adres-
sée au Dock a trouvé des échos; et il n'est pas hors de propos de vérifier ce qui en est.

Et d'abord, s'il fallait choisir entre le monopole des portefaix et celui du Dock, qui pourrait hésiter? D'un côté, la
cherté et la lenteur; de l'autre, la célérité et l'économie, au
moins relative! D'un côté, le sac et la barre; de l'autre, la
grue hydraulique et la machine à vapeur! Autant vaudrait
mettre en comparaison la locomotive et le char *tranquille* et
lent des rois mérovingiens.

Mais rendons aux mots leur valeur. Le Dock n'est pas en
possession d'un monopole, mais, ce qui est bien différent,
il remplit un service public. Comme tel, il jouit de certains
priviléges, et ces priviléges sont non-seulement limités,
mais réglementés avec le plus grand soin. Telle est la situation vraie. S'il fallait s'autoriser de précédents analogues,
nous n'en trouverions pas de plus exacts que les concessions
de chemins de fer.

Le Dock remplit un service public, avons-nous dit. L'État

aurait pu s'en réserver le privilége, à la condition d'en faire
les frais ; il a préféré concéder le Dock à la Ville. La Ville, à
son tour, a reculé devant une dépense au-dessus de ses forces
financières ; elle a compris en outre qu'une exploitation, en
quelque sorte commerciale, serait pour elle une charge oné-
reuse plutôt qu'une source de profits ; elle a donc décliné
une fonction au-dessus de ses ressources et en dehors de ses
aptitudes ; elle l'a cédée ou plutôt vendue à une Compagnie.
Celle-ci a donc été substituée à l'État et à la Ville ; elle a
accepté une charge que l'État et la Ville ont jugée trop lourde
pour eux-mêmes ; et, en retour des obligations qu'elle con-
tractait, la Compagnie a stipulé certaines perceptions destinées, dit le cahier des charges, *à indemniser le concession-
naire de ses travaux et de ses dépenses.*

Cette solution est-elle bonne ? Est-elle conforme aux véri-
tables principes de l'économie publique ? C'est notre avis ;
c'est aussi celui de tous les hommes qui ont vu l'administration
à l'œuvre dans les questions d'exploitation industrielle. Le
même problème s'était posé à propos des chemins de fer.
Une école politique, dont on ne saurait méconnaître l'autorité
et l'influence, a longtemps soutenu que l'État devait cons-
truire et exploiter par lui-même les chemins de fer. Mais une
autre école, non-seulement plus nombreuse, mais surtout plus
pratique, s'est prononcée en faveur du régime des concessions.
Ce dernier système a passé dans la loi, et, aujourd'hui, en dépit
de quelques réclamations isolées, et même de quelques imper-
fections secondaires, l'opinion est unanime, et personne ne
conteste le mérite comparatif de la solution qui a prévalu.
Entre autres avantages, cette solution a eu deux grands
résultats : D'une part, elle a créé et développé l'esprit d'association, et montré ce que peuvent les capitaux privés ap-

pliqués aux plus grandes œuvres; d'autre part, elle a soulagé le Trésor public d'une dépense énorme. La contribution volontaire de l'industrie a pris la place de l'impôt. A ce double point de vue, et même en dehors de toute autre considération, le système qui confie à l'industrie privée les grandes entreprises d'utilité publique est évidemment le meilleur.

De même pour le Dock. Le Dock, quand il aura été achevé et complété par la création des instruments de radoub, n'aura pas coûté moins de cinquante millions. Pense-t-on que le Trésor se fût déterminé, sans de longues hésitations, à ajouter cet *item* aux millions déjà dépensés, et à ceux qu'on lui demande encore pour l'achèvement de notre établissement maritime? A défaut de l'État, pense-t-on qu'entre les mains de la ville de Marseille ces cinquante millions eussent pu s'ajouter aisément au passif du budget municipal? Évidemment, si le système de l'exécution par l'État ou par la Ville avait prévalu, Marseille serait encore à attendre, et peut-être pour longtemps, la création magnifique dont elle est aujourd'hui dotée. Ce qui est fait est donc bien fait, et personne n'a le droit de se plaindre. Hâtons-nous d'ajouter qu'en confiant à l'industrie privée ce grand travail d'utilité publique, l'État ne s'est pas dessaisi aveuglément. Il a pris ses précautions et ses garanties. Non-seulement le Dock fera retour à l'État à l'expiration d'une période déterminée, mais encore la Compagnie est soigneusement limitée dans ses perceptions, soumise à une réglementation sévère, surveillée par un contrôle vigilant. Dans ces conditions, où est le danger?

Et d'ailleurs il faut distinguer. Aux termes de sa concession, le Dock est à la fois entrepôt de douane et entrepôt libre. L'entrepôt libre, son nom le dit, est ouvert à tous, mais personne n'est contraint d'y recourir. Le commerce n'en fait usage qu'autant qu'il y trouve sa convenance et son intérêt. Pour attirer la marchandise et la retenir, le Dock est donc obligé de lutter contre tous les propriétaires de *domaines*, contre tous les *magasiniers* de Marseille. Les concurrents du Dock ont même sur lui cet avantage que, tandis qu'il est lié par un cahier des charges et astreint à des tarifs, eux, les concurrents, font à leur fantaisie, et ne sont gênés par aucune entrave. Mais aussi s'il arrive, ce qui est infaillible, que les propriétaires de domaines et les magasiniers soient amenés, par les nécessités de la lutte, à modérer leurs prix, nous ne saurions voir dans un semblable résultat un effet du prétendu monopole du Dock. Ou les mots ont perdu leur sens, ou ce sera de la concurrence, et de la meilleure.

De même pour la main-d'œuvre. Le Dock, ne se considérant pas comme inféodé à la corporation des portefaix, mais ayant au contraire à lutter contre leur hostilité déclarée, se pourvoit de travailleurs étrangers à la Société; il accueille tout ouvrier honnête et laborieux qui s'offre à lui ; il généralise, et, pour employer un mot de circonstance, i démocratise le travail. Ici encore, si l'intervention du Dock oblige les portefaix à compter avec le commerce plus qu'ils n'ont fait jusqu'à présent, s'il les amène à modérer leurs exigences, s'ils diminuent leurs prix et augmentent la somme de leur travail, cette fois encore qui pourra se plaindre? Les portefaix, peut-être; mais le commerce, assurément non ! Dans tous les cas, nous retrouvons encore ici un effet de la concurrence; nous cherchons vainement la trace du monopole.

Voilà pour l'entrepôt libre; voyons ce qu'il en est pour l'entrepôt de douane.

Ici la question reste la même, en ce qui concerne la main-d'œuvre. Si les portefaix veulent prendre part au travail de l'entrepôt réel, ils y seront reçus au même titre qu'à l'entrepôt libre, à la seule condition de se munir de l'autorisation de l'administration des douanes (1). Mais la douane, pas plus aujourd'hui qu'hier, ne songe à repousser les portefaix, avec lesquels elle a eu de tout temps de si nombreux rapports; elle les accueillera lorsqu'ils lui seront présentés par le Dock, tout comme elle les accueillait lorsqu'ils étaient présentés par le négociant lui-même.

En ce qui concerne le magasinage et la manutention des marchandises soumises au régime de l'entrepôt de douane, la situation est autre. Ici le privilége du Dock n'est pas contestable. Seulement, n'oublions pas que ce privilége a été établi dans l'intérêt de la douane, et non dans l'intérêt du Dock.

Ce n'est pas à Marseille qu'il serait nécessaire d'exposer longuement en quoi consiste le régime de l'entrepôt réel. Mais il peut être utile d'en dire quelques mots pour ceux de nos lecteurs qui seraient moins familiers avec les questions douanières.

Par une fiction légale, la marchandise soumise au régime de l'entrepôt de douane, est considérée comme n'ayant pas touché le sol national. Elle ne payera pas de droits, si elle est retirée pour l'exportation; et, dans le cas contraire, elle ne payera les droits que lors de sa mise en consommation. C'est une facilité donnée au commerce, dont

---

(1) Article 21 du cahier des charges.

l'idée remonte à Colbert, qui fut pratiquée de son temps, mais abandonnée après lui, et reprise seulement au commencement du siècle actuel (1). On comprend tout ce que cette facilité a de précieux pour le commerce ; mais en se plaçant au point de vue fiscal, on comprend aussi qu'elle a ses dangers et qu'elle commande des précautions. Aussi, quand le législateur octroya l'entrepôt à certaines villes, il voulut que les municipalités fournissent des magasins spéciaux, *isolés* et *ne formant qu'un seul corps*, dont la garde serait facile, et dans lesquels la fraude aurait peu de chances de s'exercer. Mais les municipalités n'étaient pas toutes en situation de créer, à grands frais, ces établissements *isolés* et *ne formant qu'un seul corps*, propres à servir d'entrepôts. A Marseille, notamment, les prescriptions de la loi furent longtemps éludées. Il fallut que le Gouvernement y dérogeât par des dispositions provisoires, et autorisât l'entrepôt dans des magasins non isolés et disséminés dans un périmètre assez étendu. Malgré les inconvénients de toute sorte de ces dispositions exceptionnelles, mais en raison des impossibilités financières qui ne permettaient pas de faire mieux, ce provisoire a duré soixante ans. Pendant cette longue période, le régime de l'entrepôt réel a fonctionné sous cette forme irrégulière. Un certain nombre de magasins, agréés par la douane et placés sous la clef de celle-ci, recevaient exclusivement les marchandises d'entrepôt réel ; ces magasins ne s'ouvraient qu'aux heures réglementaires, sous les yeux des employés de la douane. De là,

---

(1) L'Angleterre, dont on célèbre volontiers les institutions commerciales, n'a pratiqué le système de l'entrepôt qu'après l'ouverture des docks de Londres, parce que, dit M. Eugène Flachat dans un article du *Dictionnaire du commerce*, les garanties que ces entreprises offraient au Gouvernement lui parurent si complètes qu'il n'hésita pas à faire cette grande concession.

pour le commerce et pour la douane, des frais et des pertes
de temps incalculables. Une armée de surveillants, de pré-
posés, de commis, de portefaix, était employée à ce service.
Non-seulement le commerce était grevé d'un surcroît de
frais et d'une grande perte de temps, mais la douane, de son
côté, payait fort cher une surveillance très-incomplète. On
comprend que le Gouvernement ait saisi avec empressement
et faveur l'occasion de mettre un terme à une situation aussi
irrégulière. La création du Dock a fourni cette occasion, et
le contrat de concession a prescrit à la Compagnie la construction d'un entrepôt de douane. Cet entrepôt est en service depuis le 1er janvier de cette année, et c'est ainsi que
Marseille est rentrée dans le droit commun. Conformément à
la loi de l'an II, les marchandises soumises à la douane sont
aujourd'hui réunies dans un établissement construit en vue
de cette destination spéciale, composé de magasins *faisant
un seul corps*, et *isolés* des autres magasins par un mur
d'enceinte. La surveillance de la douane s'y exerce avec sécurité et économie, et le commerce y trouve, de son côté,
accélération et simplification dans ses rapports avec la
douane. Les deux intérêts se trouvent ainsi également satis-
faits.

En réalité donc, il n'y a rien de changé à l'état des choses,
si ce n'est le siége même de l'entrepôt de douane. L'ancien
entrepôt était circonscrit dans un certain périmètre de *Rive-
Neuve*; le nouvel entrepôt est établi au quartier de *La Joliette*;
il fonctionnait irrégulièrement, et dans de mauvaises conditions; il fonctionne aujourd'hui régulièrement, et dans un lo-
cal parfaitement approprié à sa destination. C'est un déména-
gement d'un gîte incommode et insuffisant dans un gîte meilleur. Mais la servitude douanière ne s'est, dans ce déplace-

ment, ni modifiée, ni aggravée. Bien au contraire, elle s'exercera désormais dans les meilleures conditions possibles, et avec tous les avantages d'un véritable port franc.

Insistera-t-on, en disant que le privilége transféré de Rive-Neuve à la Joliette n'est pas moins un privilége, et que ce privilége constitue un assujétissement pour le commerce, et un monopole au profit du Dock? Mais la seule conclusion à en tirer c'est que pour s'attaquer au privilége du Dock, il faudrait s'attaquer d'abord à la loi de douane. Si les portefaix de Marseille veulent réclamer l'abolition de l'entrepôt et réformer notre régime douanier, libre à eux; mais ce n'est pas notre affaire de les suivre sur ce terrain. Le moment serait d'ailleurs singulièrement choisi, alors que le Gouvernement est entré si libéralement dans la voie des suppressions ou modérations de droits, et que les nécessités fiscales expliquent seules aujourd'hui le maintien de ce qui subsiste.

En résumé, le Dock, fonctionnant comme entrepôt libre, échappe à tout reproche de monopole; il est, au contraire, un instrument énergique de concurrence. Il en est autrement lorsque le Dock fonctionne comme entrepôt de douane. Le Dock jouit alors d'un privilége effectif; mais il en jouit en vertu d'une délégation publique et en vue des intérêts du Trésor. Cette distinction n'a peut-être pas été assez remarquée, et on nous pardonnera d'y avoir insisté; elle nous paraît de nature à faire cesser tous les malentendus.

Le terrain de la discussion une fois dégagé d'objections sans portée et de griefs sans valeur, que reste-t-il? Un établissement unique au monde, qui doit être l'orgueil de Marseille, et qui aidera puissamment à l'accomplissement de ses belles destinées. Si quelques intérêts privés devaient en souffrir, ce serait un malheur sans doute, mais un malheur inhérent à toute espèce de progrès. Dans tous les cas, réservons nos sympathies pour des intérêts moins exclusifs et des prétentions mieux justifiées que celles de la corporation des portefaix.

IX.

Nous ne poursuivrons pas plus longtemps cette apprécia-
tion comparative de deux institutions (qu'on nous permette ce
mot peut-être ambitieux) où tout diffère : le droit, l'utilité,
les tendances, les procédés. Nous laissons à nos lecteurs le
soin de conclure. Ils diront de quel côté se trouve le véritable
intérêt de Marseille. Il nous aura suffi, quant à nous, d'avoir
rétabli la vérité des situations.

A entendre la Société des portefaix, leur cause est celle de
la *liberté du travail*. Ce grand mot a été répété à satiété, et
nous le retrouvons incessamment dans la bouche ou sous la
plume des adversaires du Dock. Mais *la liberté du travail*,
telle que la comprennent les portefaix, ne serait autre chose
qu'un fief et un impôt à leur profit. Le Dock, qui occupe
indifféremment des membres de la Société des portefaix, et
des ouvriers librement recrutés dans la grande armée des
travailleurs, a donc préparé une réforme salutaire, à laquelle
il nous est permis d'applaudir. Et si, pour conclure, il nous
appartenait de donner un conseil à la Société des portefaix, nous lui dirions : Transformez-vous, il est temps. Vous
faites sonner bien haut votre titre de *société de bienfaisance;*
ce titre n'est pas sincère, ou ne l'est qu'à moitié. Il déguise
le but véritable de votre organisation. Pour rester *société de
bienfaisance* (1), contentez-vous d'être société de secours

____

(1) Il serait plus exact de dire : *société de prévoyance.*

mutuels ; mais effacez de vos statuts cette réglementation du travail, à la fois naïve et savante, dont le but très-clairement accusé est de maintenir des priviléges incompatibles avec notre organisation sociale. Rayez donc tout ce qui, par une étrange confusion de principes, porte la double empreinte du moyen âge et du socialisme. Libre à vous de concerter et de débattre, dans la mesure autorisée par la loi, le prix de vos salaires et les autres conditions de votre travail, mais nous revendiquons à notre tour pour le commerce tout entier, et par conséquent pour le Dock, le droit de discuter vos prétentions, et de les écarter lorsqu'il les jugera excessives. Vous êtes honnêtes, et, comme tels, vous avez droit aux sympathies publiques ; plusieurs d'entre vous sont habiles, intelligents, exercés ; mettez un prix à vos aptitudes et à votre expérience : rien n'est plus licite. Exploitez jusqu'à votre bonne réputation, c'est un patrimoine dont vous avez le droit de retirer honneur et même profit. Mais cela ne suffirait pas. Il y a dans vos règlements certaines dispositions bonnes à conserver, et un plus grand nombre à sacrifier ; livrez-vous à ce travail d'épuration. Tout se transforme autour de vous ; subissez à votre tour la loi du progrès ; et, pour tout dire en un mot, soyez de votre temps.

Paris, imp. Paul Dupont, rue de Grenelle-Saint-Honoré, 45.

www.ingramcontent.com/pod-product-compliance
Lightning Source LLC
LaVergne TN
LVHW011509180726
843503LV00008BA/3645